Presented by

The LSTA
Youth Services Grant

EL INCREÍBLE MUNDO DE LAS PLANTAS

LOS RÍOS Y LOS LAGOS

"LOS RÍOS Y LOS LAGOS"

Dirección de edición: Josep M. Parramón Homs
Editor: Isidro Sánchez
Dirección científica y redacción:
Andreu Llamas Ruiz, biólogo
Ilustraciones: Luis Rizo
Diseño de portada: Rosa M. Moreno

Editado por Ediciones Este, S.A.
Tuset, 10 8° 2ª
08006 Barcelona
I.S.B.N.: 84-89515-16-6
Depósito legal: B-35659-1995

Edición especial para Chelsea House Publishers
I.S.B.N. colección: 0-7910-4012-7
I.S.B.N. Los ríos y los lagos: 0-7910-4024-0
0-7910-4025-9 (rústica)

Impreso en España
Fotocomposición y fotomecánica: Fimar, S.A., Barcelona (España)
Impresión: Carvigraf, Barcelona (España)

EL INCREÍBLE MUNDO DE LAS PLANTAS

LOS RÍOS Y LOS LAGOS

CHELSEA HOUSE PUBLISHERS
New York • Philadelphia

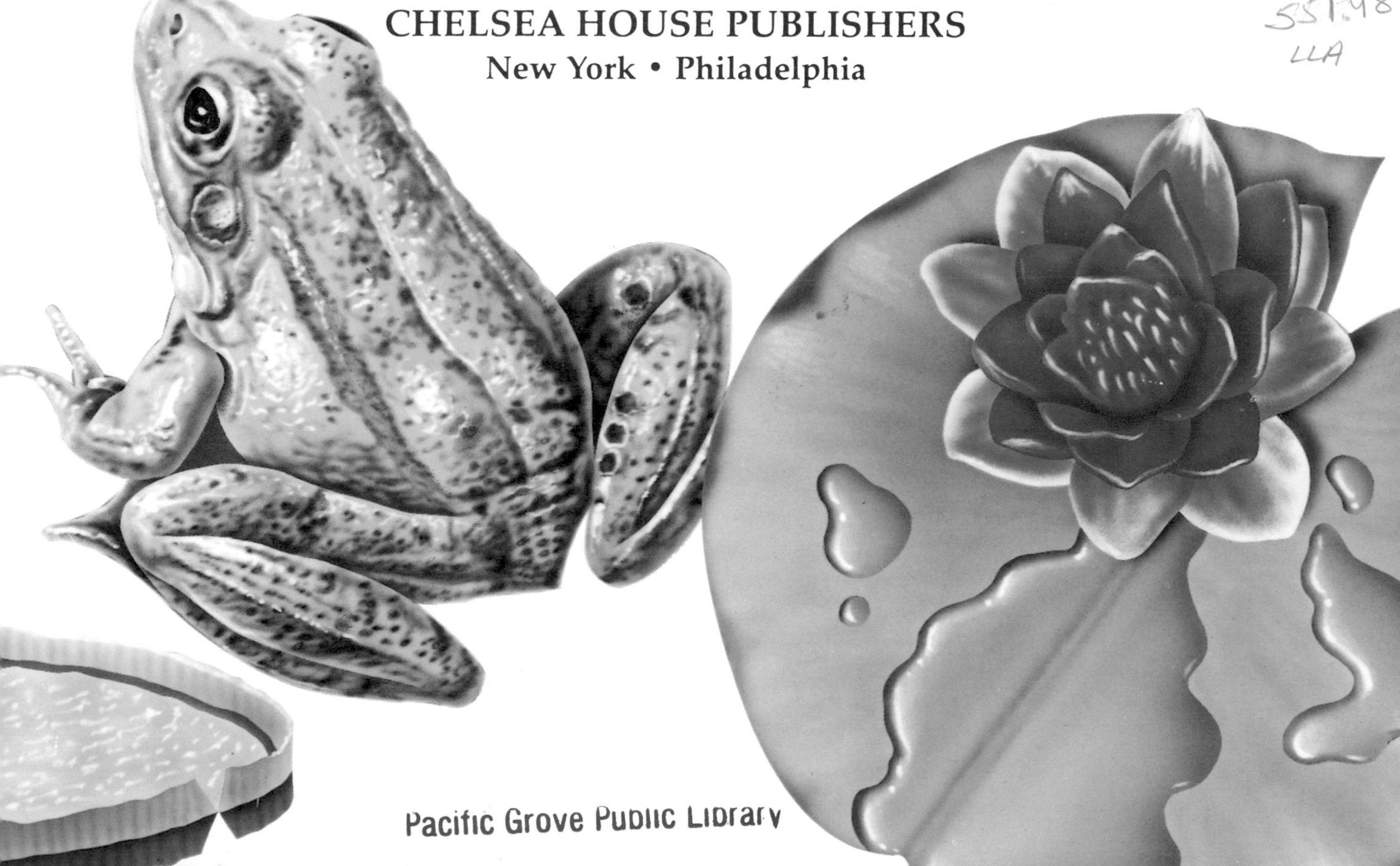

LAS CHARCAS Y LAS LAGUNAS

Las zonas acuáticas como los ríos, los lagos, las charcas, etc., son unos de los lugares con mayor riqueza animal y vegetal. Esto es debido a que allí se puede encontrar agua, comida y un refugio para muchas formas diferentes de vida.

Todo empieza cuando el agua de la lluvia baja por las laderas de las montañas y, poco a poco, se reúne para formar pequeñas corrientes y arroyos. Pero a veces el agua queda atrapada y no puede seguir fluyendo: entonces se forman las charcas.

En las pequeñas charcas y en los arroyos hay una gran cantidad de organismos, ¡muchos más de lo que parece a simple vista!; además en cada zona de la charca viven diferentes especies de plantas y animales. Por ejemplo, la superficie, o justo por debajo de ella, es el lugar preferido de muchos pequeños animales nadadores y patinadores que respiran aire.

Por otra parte, los animales y las plantas que viven en aguas tranquilas son muy diferentes de los que viven en aguas rápidas, ya que varían muchos factores: la temperatura del agua, la cantidad de oxígeno disuelto, la forma y la composición del fondo, etc.

En las lagunas el fondo es *lodoso,* y las plantas se *descomponen* con facilidad en esas aguas tranquilas.

Pocas plantas pueden crecer en las rápidas corrientes de los arroyos, pero en los lagos y las charcas la abundancia de vegetación ayuda a vivir a muchos animales.

Sin embargo, los ambientes acuáticos no siempre son seguros: las lagunas, las charcas, e incluso los grandes lagos se pueden helar durante el invierno, ¡matando a muchos animales!

La distribución de las plantas (1)
En las charcas, las plantas se distribuyen, según su especie, en las orillas o en el interior del agua.

La lenteja de agua (2)
Cada una de las hojas que se ven en la superficie es, en realidad, una planta. Las nuevas hojas se forman a partir de las viejas, y se desprenden para formar nuevas plantas: ¡de cada hoja vieja crecen dos nuevas!

Algas (3)
Recubriendo las rocas del fondo se pueden encontrar algas microscópicas, que sirven de alimento a muchos pequeños animales.

Aire para respirar (4)
Muchos pequeños animales que viven en las charcas necesitan respirar aire. Para conseguirlo han desarrollado diferentes estrategias. ***4a:*** *Esta larva, llamada cola de rata, hace como los buzos: tiene un tubo que le permite respirar estando bajo el agua.* ***4b:*** *El escarabajo de agua siempre lleva consigo una "provisión de aire", que sale a renovar a la superficie con frecuencia, .como haría un submarinista.* ***4c:*** *El caracol de agua dulce también sube a la superficie, y se queda allí hasta que renueva sus reservas de aire.*

1

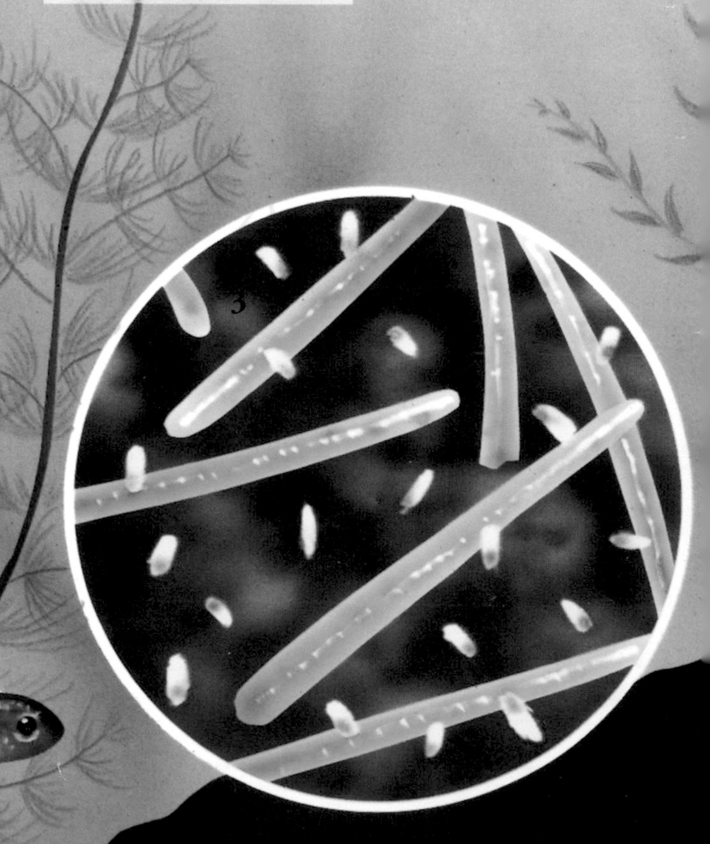

2
4c
4b
4a

LAS PLANTAS DE LAS CHARCAS

Para vivir en las charcas, las plantas han tenido que desarrollar unas características especiales que son distintas de las que presentan las plantas terrestres.

En todas las charcas hay muchos tipos de vegetales diferentes que se distribuyen según sus preferencias: en la parte más externa y cercana a la orilla, las plantas crecen sobre tierra húmeda. Después, en la zona intermedia, viven las plantas que tienen siempre sus raíces en el agua. Por último, están las plantas totalmente acuáticas y que viven en el interior de la charca.
Las plantas más frecuentes en las charcas son los juncos y las juncias. Los juncos no tienen hojas y sus tallos son largos y redondos. Las juncias, en cambio, tienen hojas duras y puntiagudas, que salen del tallo en tres direcciones.
Unas de las plantas más curiosas de las charcas y las lagunas, son las plantas flotantes, como las lentejas de agua.
El llantén de agua y el nenúfar tienen sus raíces enterradas en el fango del fondo, pero sus tallos son largos, así que las hojas y las flores consiguen sobresalir por encima de la superficie.
Las charcas no permanecen igual año tras año. Normalmente el barro y las plantas muertas se van acumulando en el fondo y, a medida que disminuye la profundidad de la charca, los juncos de las orillas se acercan poco a poco hacia el centro. Si este proceso sigue, la charca puede convertirse en un pantano y, al final, ¡en un bosque!

Lirio amarillo
Sus hojas tienen forma de espada; las flores son de color amarillo y, cuando se marchitan, dan lugar a unas cápsulas frutales con forma de gruesa vaina de guisante y en cuyo interior hay varias semillas.

Increíble metamorfosis
La rana experimenta grandes transformaciones desde que nace hasta que se convierte en adulta. ***A.*** *La* puesta *está formada por una masa de huevos rodeados por una gelatina transparente.* ***B.*** *Los huevos se abren a las dos semanas, y de ellos salen unos renacuajos sin patas.* ***C.*** *Las patas traseras aparecen a las cinco-ocho semanas, pero todavía nadan impulsándose con la cola.* ***D.*** *Cuando cumplen tres meses, los renacuajos ya tienen cuatro patas, pero todavía conservan la cola.* ***E.*** *Después les desaparece la cola, y la rana mide 1 centímetro de largo.*

Ranúnculo de agua
Sus hermosas flores de color amarillo intenso se abren en cuanto empieza la primavera.

Juncos y juncias
Son las plantas más frecuentes de las charcas. Ambos tienen tallos rígidos que duran todo el invierno y que se aprovechan de muchas formas.

LOS NENÚFARES

Los nenúfares son plantas acuáticas cuyas hojas planas flotan sobre la superficie de las aguas tranquilas de los lagos, y del curso medio y bajo de los ríos.

Sus hojas son muy especiales: por una parte, tienen una forma redondeada que les protege cuando sopla el viento por encima de la superficie de la charca, impidiendo que se desgarren; por otra parte, las hojas están recubiertas por una sustancia parecida a la cera que hace resbalar el agua por la superficie de la hoja, e impide que se empapen.
Cada hoja flotante tiene unos pequeños orificios o poros, llamados *estomas,* que están colocados en la parte de arriba de la hoja (para poder "respirar"); en cambio, en las plantas terrestres los estomas están en la cara inferior de las hojas.
A través de estos poros se produce el intercambio de gases imprescindibles para la respiración y la fabricación del alimento.
Parte del alimento que produce el nenúfar durante la *fotosíntesis* lo almacena en un grueso tallo sumergido que se llama *rizoma* y que está anclado en el fango del fondo de la charca. Así podrá sobrevivir durante el invierno: en invierno muchos nenúfares mueren, pero los rizomas siguen vivos y en primavera forman nuevos tallos.
Para mantenerse erguidos y flotando, los nenúfares tienen en su interior unas cámaras de aire que contienen oxígeno. También las flores necesitan sobresalir por encima del agua para que puedan verlas los insectos que van a polinizarlas. Las flores del nenúfar saben protegerse contra las condiciones adversas: si llueve o hace demasiado frío, se cierran para proteger el polen de su interior. Las hojas y las flores flotan en el agua, pero al llegar la noche las flores se cierran hasta la mañana siguiente.

Feroces cazadores
Los ditiscos son escarabajos acuáticos que se convierten en unos cazadores temibles, y que no dudan en atacar presas más grandes que ellos, como peces o ranas.

Gigantes
En algunas zonas del río Amazonas viven unos gigantescos nenúfares de ¡2 metros de diámetro!, que flotan gracias a que tienen miles de pequeñas bolsas de aire. Sobre ellos pueden verse insectos, pájaros, lagartos, etc. Las hojas de los nenúfares proporcionan sombra y cobijo a muchos pequeños animales.

Frutos flotantes
Las flores del nenúfar se convierten en frutos con forma de huevo después de florecer. Los tallos se curvan para que los frutos crezcan bajo el agua. Cuando llega el momento, el fruto (que está repleto de semillas) se desprende de la planta "madre" y se aleja flotando.

Huevos de caracol
Al llegar la primavera, cada caracol adulto pone unos 400 huevos debajo de hojas como las de este nenúfar. Los huevos están sujetos a la parte inferior de la hoja con un cordón de gelatina, que además los protege y les sirve de alimento.

Los tallos
Los tallos de los nenúfares son fuertes pero flexibles, ya que así pueden mantener las flores por encima del agua, pero también pueden resistir los movimientos del agua sin moverse.

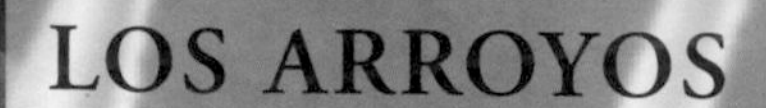

LOS ARROYOS

En los arroyos y los torrentes el agua corre rápida y con fuerza, así que sus habitantes deben ser capaces de resistir la corriente.

Además el agua tiene mucha capacidad de *erosión* y va excavando el *cauce*, de manera que las orillas suelen ser bastante escarpadas. El agua está fría y contiene mucho oxígeno, pero hay pocas plantas y animales capaces de mantenerse aquí para aprovecharlo. Las plantas que lo consiguen se sujetan con fuertes raíces al fondo o a las piedras.
Muchas de estas plantas tienen tallos largos y algunas incluso poseen las hojas muy divididas para evitar presentar resistencia al agua.
Otras plantas, en cambio, prefieren tener dos tipos diferentes de hojas: unas son anchas y se mantienen flotando en la superficie, mientras que las otras son mucho más finas y permanecen sumergidas.
Sin embargo, algunas de las plantas que viven normalmente en lagos y lagunas también se han adaptado para vivir en ríos y arroyos.
Los animales también han desarrollado sistemas para vencer a la corriente: algunos son nadadores muy fuertes, como los peces y los crustáceos de agua dulce; otros prefieren agarrarse a las rocas, como las sanguijuelas.
El espinoso y la anguila nadan entre las plantas, mientras que las sanguijuelas y los caracoles se arrastran sobre las piedras.
Si observas con paciencia un arroyo, comprobarás que muchos peces se mantienen en el fondo buscando larvas de insectos y caracoles.

Luchar contra corriente (1)
En los arroyos de montaña el agua se abre paso con fuerza entre las rocas y las piedras. En estas condiciones prácticamente no pueden vivir vegetales.

La puesta de los sapos (2)
Puedes distinguir fácilmente las puestas de huevos de los sapos de las puestas de las ranas. Los sapos comunes forman un collar de gelatina de unos 2 metros de longitud que se enrolla alrededor de las plantas acuáticas: en su interior están los huevos.

Las truchas (3)
Las truchas necesitan vivir en corrientes poco profundas de aguas claras, frías y ricas en oxígeno. Además precisan un fondo con piedras abundantes para realizar sus puestas. ***3a.*** *1ª semana: en el interior del huevo casi todo es yema.* ***3b.*** *5ª semana: el alevín sale del huevo, pero todavía lleva el saco vitelino que le alimenta.* ***3c.*** *Alevín de un año de edad*

Sanguijuelas (4)
Para no ser arrastradas por la corriente, las sanguijuelas se pegan fuertemente a las rocas con las ventosas que tienen en la cabeza y la cola. Son carnívoras, y unas de sus presas favoritas son los caracoles.

Algas y musgos (5)
Sobre las rocas del cauce del arroyo pueden verse muchos tipos diferentes de algas y de musgos, que forman una "alfombra" de color verde y muy resbaladiza. Son los únicos capaces de hacer frente a la poderosa corriente.

2
3c
3b
1
3a
4

PLANTAS SUMERGIDAS

En el fondo de los ríos y los lagos, viven sumergidas algunas plantas de largos tallos. El paisaje subacuático que forman tiene el aspecto de curiosos "bosques".

Algunas de estas plantas están tan bien adaptadas a la vida debajo del agua, que ¡incluso sus flores se abren bajo la superficie!
Las plantas son imprescindibles para la supervivencia de los animales del río: no sólo producen oxígeno para que los animales respiren, sino que también les dan sombra y les protegen de sus enemigos. Además estas plantas son el alimento de muchos animales diferentes, desde insectos hasta aves, y algunos de ellos además las utilizan como soporte para poner sus huevos.
Aunque las plantas viven sumergidas, necesitan estar bien iluminadas para recibir la energía de los rayos del sol y así poder realizar la fotosíntesis.
Por eso no les convienen las aguas demasiado turbias: si ves un río que arrastra muchos *sedimentos* y partículas en suspensión, seguro que debajo viven poquísimas plantas, ya que no les llega suficiente luz. En general, las plantas de aguas profundas acostumbran a ser bastante delicadas. La razón es que, al estar sostenidas por el agua, no necesitan formar unos tallos gruesos.
Si sacamos alguna de estas plantas fuera del agua, comprobaremos que es incapaz de mantenerse erguida por sí misma.
Por otra parte, las plantas sumergidas normalmente tienen unas hojas pequeñas y delgadas.

El volvox
Éste es el aspecto que tiene el volvox: se trata de una planta acuática de tamaño microscópico que sirve de alimento a un gran número de habitantes de las lagunas.

Vivir sumergidas
El ceratófilo es una planta muy bien adaptada a vivir bajo el agua. Sus hojas plumosas se extienden bajo la superficie e incluso ¡las flores se abren bajo el agua!

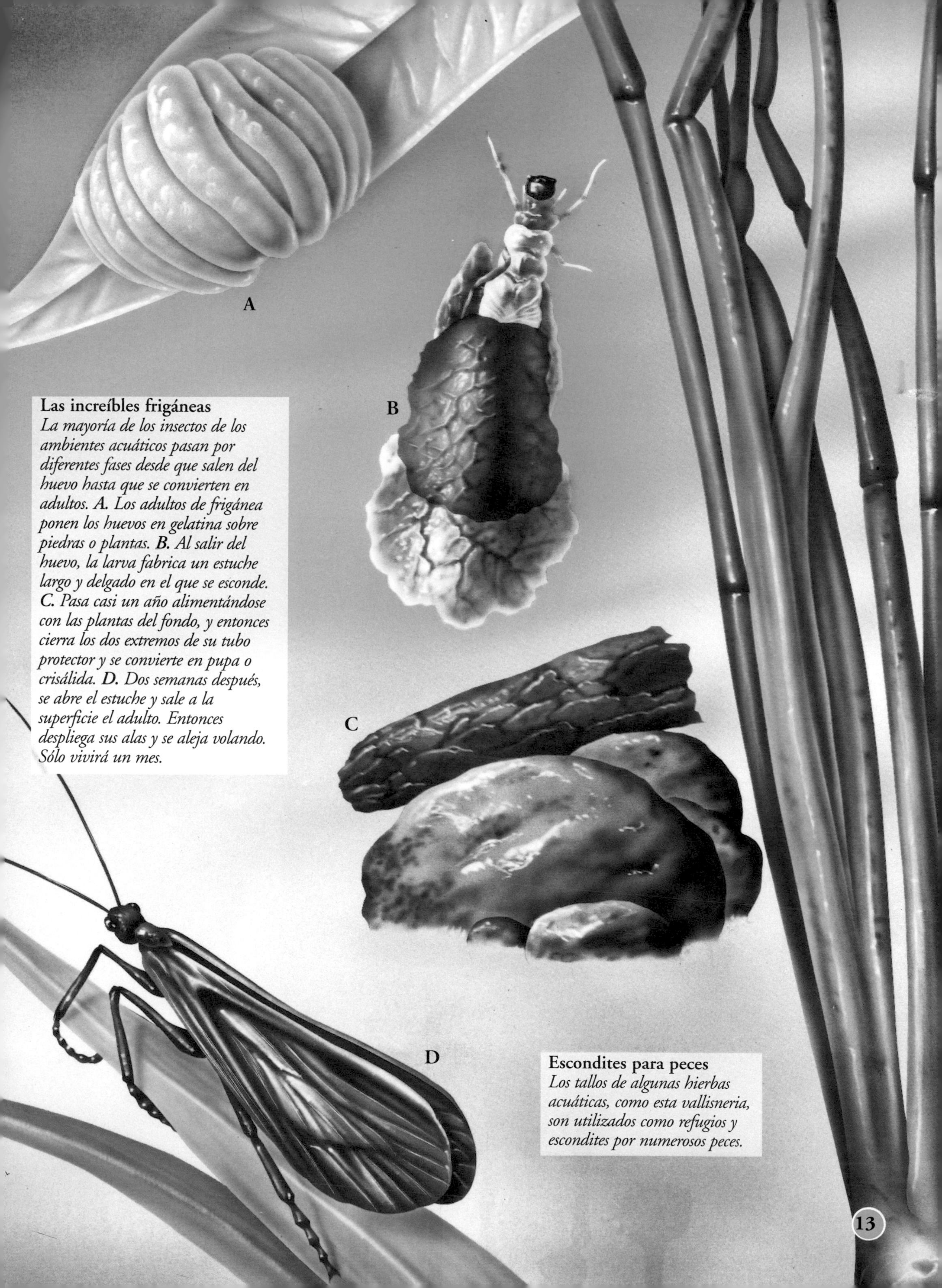

Las increíbles frigáneas

La mayoría de los insectos de los ambientes acuáticos pasan por diferentes fases desde que salen del huevo hasta que se convierten en adultos. ***A.*** *Los adultos de frigánea ponen los huevos en gelatina sobre piedras o plantas.* ***B.*** *Al salir del huevo, la larva fabrica un estuche largo y delgado en el que se esconde.* ***C.*** *Pasa casi un año alimentándose con las plantas del fondo, y entonces cierra los dos extremos de su tubo protector y se convierte en pupa o crisálida.* ***D.*** *Dos semanas después, se abre el estuche y sale a la superficie el adulto. Entonces despliega sus alas y se aleja volando. Sólo vivirá un mes.*

Escondites para peces

Los tallos de algunas hierbas acuáticas, como esta vallisneria, son utilizados como refugios y escondites por numerosos peces.

LA REPRODUCCIÓN

Las plantas acuáticas han desarrollado diferentes estrategias para reproducirse. Algunas de estas técnicas son muy diferentes de las que utilizan las plantas que viven sobre tierra firme.

Muchas plantas nacen a partir de las semillas que se forman después de la polinización, que puede ser llevada a cabo con ayuda del viento, de los insectos e incluso dentro del agua.

También existen otras plantas acuáticas que se reproducen a partir de sus tallos subterráneos o rizomas; este sistema puede tener grandes ventajas cuando se acerca el mal tiempo: por ejemplo, al llegar el invierno desaparece la mayor parte de la planta del nenúfar blanco, pero gracias a que sus rizomas siguen vivos pueden crecer nuevos tallos en la siguiente primavera.

Algunas plantas prefieren no reproducirse por semillas; en este caso las nuevas plantas salen de brotes invernales o a partir de algunos fragmentos de tallos que se han separado de la planta vieja.

Al llegar la primavera, muchas plantas acuáticas se cubren de flores de llamativos colores; de cada uno de los frutos que se forman ¡se pueden liberar más de 1.000 semillas!

A veces, las flores de algunas plantas acuáticas son muy especiales: por ejemplo, las flores de los nenúfares se mantienen cerradas por la mañana y sólo se abren totalmente al mediodía; después vuelven a cerrarse al atardecer e incluso se hunden un poco en el agua. ¡Son tan exigentes que si el día está nublado, las flores apenas se abren un poco!

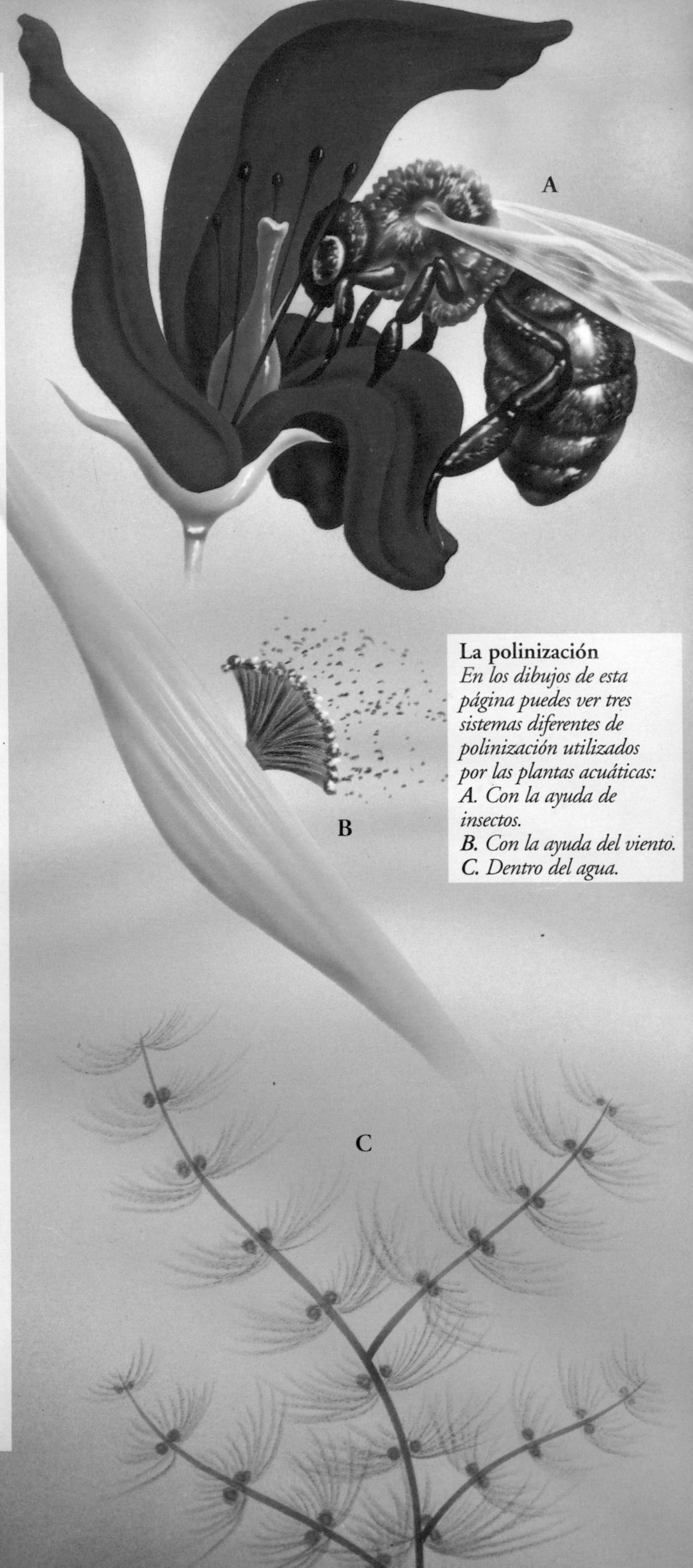

La polinización
En los dibujos de esta página puedes ver tres sistemas diferentes de polinización utilizados por las plantas acuáticas:
A. Con la ayuda de insectos.
B. Con la ayuda del viento.
C. Dentro del agua.

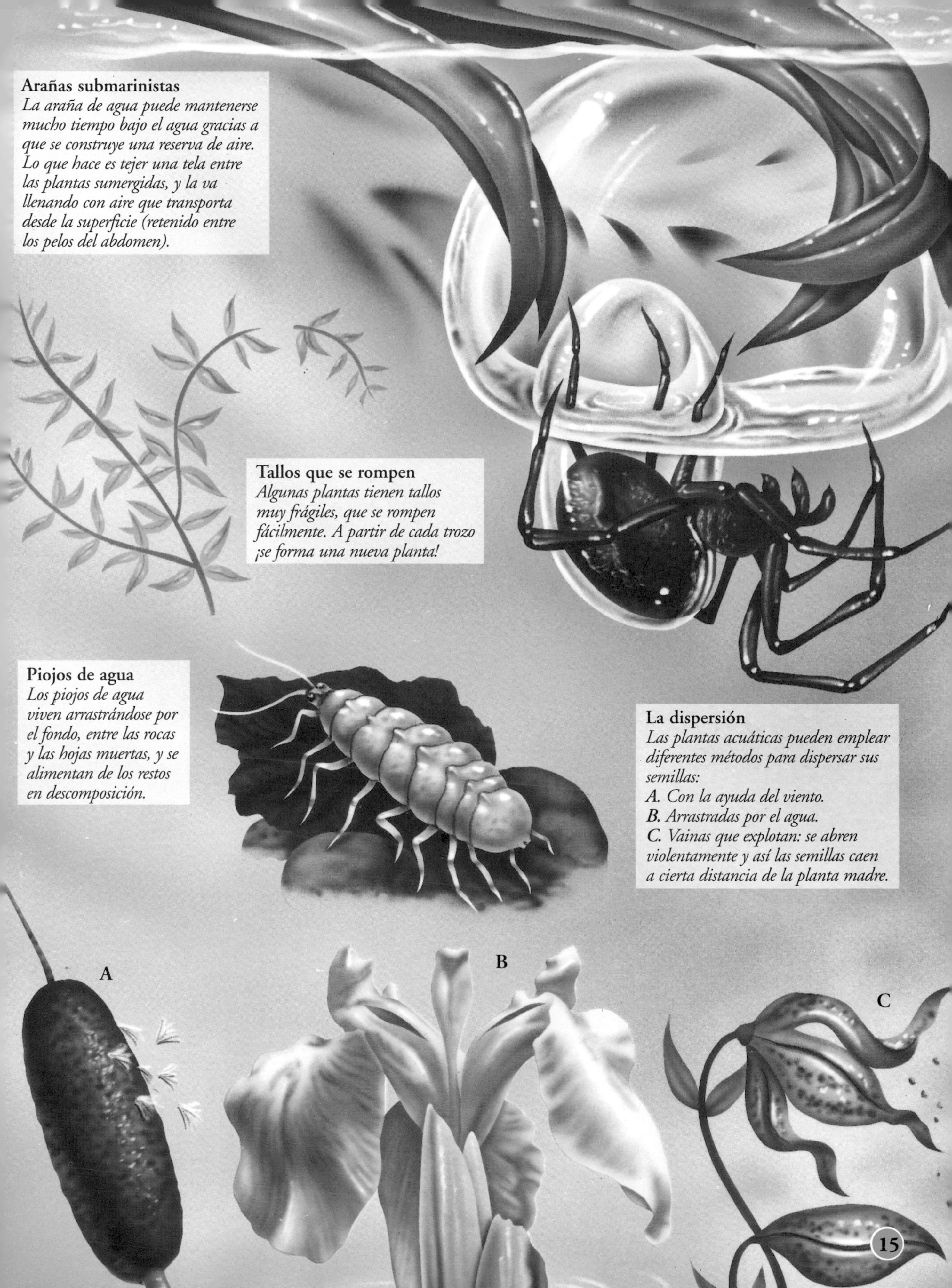

Arañas submarinistas
La araña de agua puede mantenerse mucho tiempo bajo el agua gracias a que se construye una reserva de aire. Lo que hace es tejer una tela entre las plantas sumergidas, y la va llenando con aire que transporta desde la superficie (retenido entre los pelos del abdomen).

Tallos que se rompen
Algunas plantas tienen tallos muy frágiles, que se rompen fácilmente. A partir de cada trozo ¡se forma una nueva planta!

Piojos de agua
Los piojos de agua viven arrastrándose por el fondo, entre las rocas y las hojas muertas, y se alimentan de los restos en descomposición.

La dispersión
Las plantas acuáticas pueden emplear diferentes métodos para dispersar sus semillas:
A. Con la ayuda del viento.
B. Arrastradas por el agua.
C. Vainas que explotan: se abren violentamente y así las semillas caen a cierta distancia de la planta madre.

LA PRIMAVERA Y EL VERANO

La cantidad y la variedad de plantas que hay en la laguna depende de la cantidad de luz. Si una laguna recibe demasiada sombra de los árboles de las orillas, como consecuencia tiene muy pocas plantas.

Al llegar la primavera, las lentejas de agua y las algas pequeñas son las primeras que se esfuerzan en crecer, ya que debido a su pequeño tamaño necesitan poco alimento.
Poco a poco, a medida que los días van siendo cada vez más cálidos, los animales de las lagunas empiezan a salir de sus refugios entre las plantas y el fondo fangoso.
Sorprendentemente aparecen por todas partes ranas, sapos, peces, insectos, etc. Todos ellos, plantas y animales, parecen tener mucha prisa por crecer y reproducirse. ¡Los pequeños nacen muy deprisa!
Es muy interesante comprobar que la vida "despierta" antes en las lagunas más pequeñas, porque las aguas se calientan antes que en las que son más profundas.
Cuando llega el verano, las plantas de la laguna y de sus orillas se cubren de flores de todos los colores. Incluso en algunas de estas plantas empiezan a formarse ya los frutos.
A medida que avanza el verano, los pequeños van aumentando de tamaño, pero en cambio su número se ha reducido muchísimo, ya que la mayor parte de ellos ha caído entre las mandíbulas de algún depredador. Para los supervivientes el final del verano es el momento de crecer y engordar para hacer frente a la estación desfavorable.

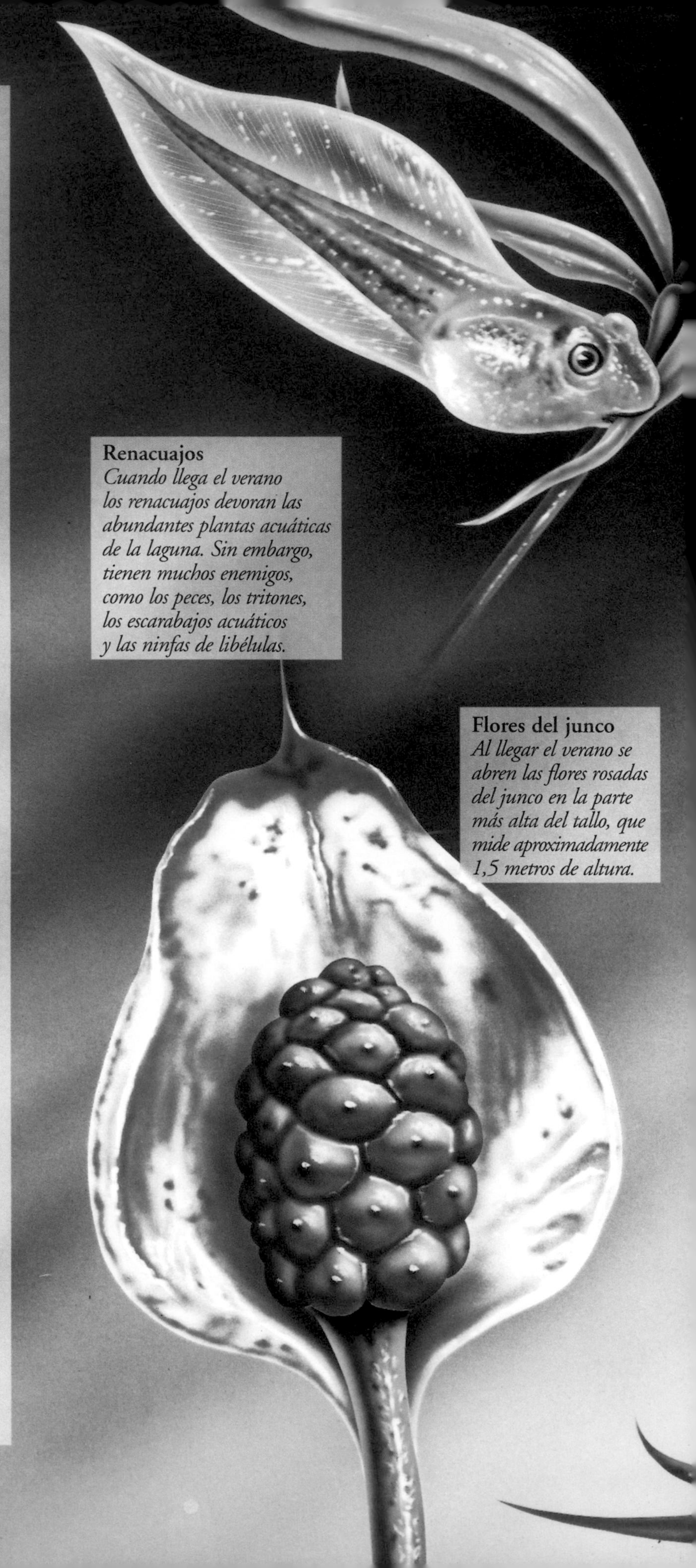

Renacuajos
Cuando llega el verano los renacuajos devoran las abundantes plantas acuáticas de la laguna. Sin embargo, tienen muchos enemigos, como los peces, los tritones, los escarabajos acuáticos y las ninfas de libélulas.

Flores del junco
Al llegar el verano se abren las flores rosadas del junco en la parte más alta del tallo, que mide aproximadamente 1,5 metros de altura.

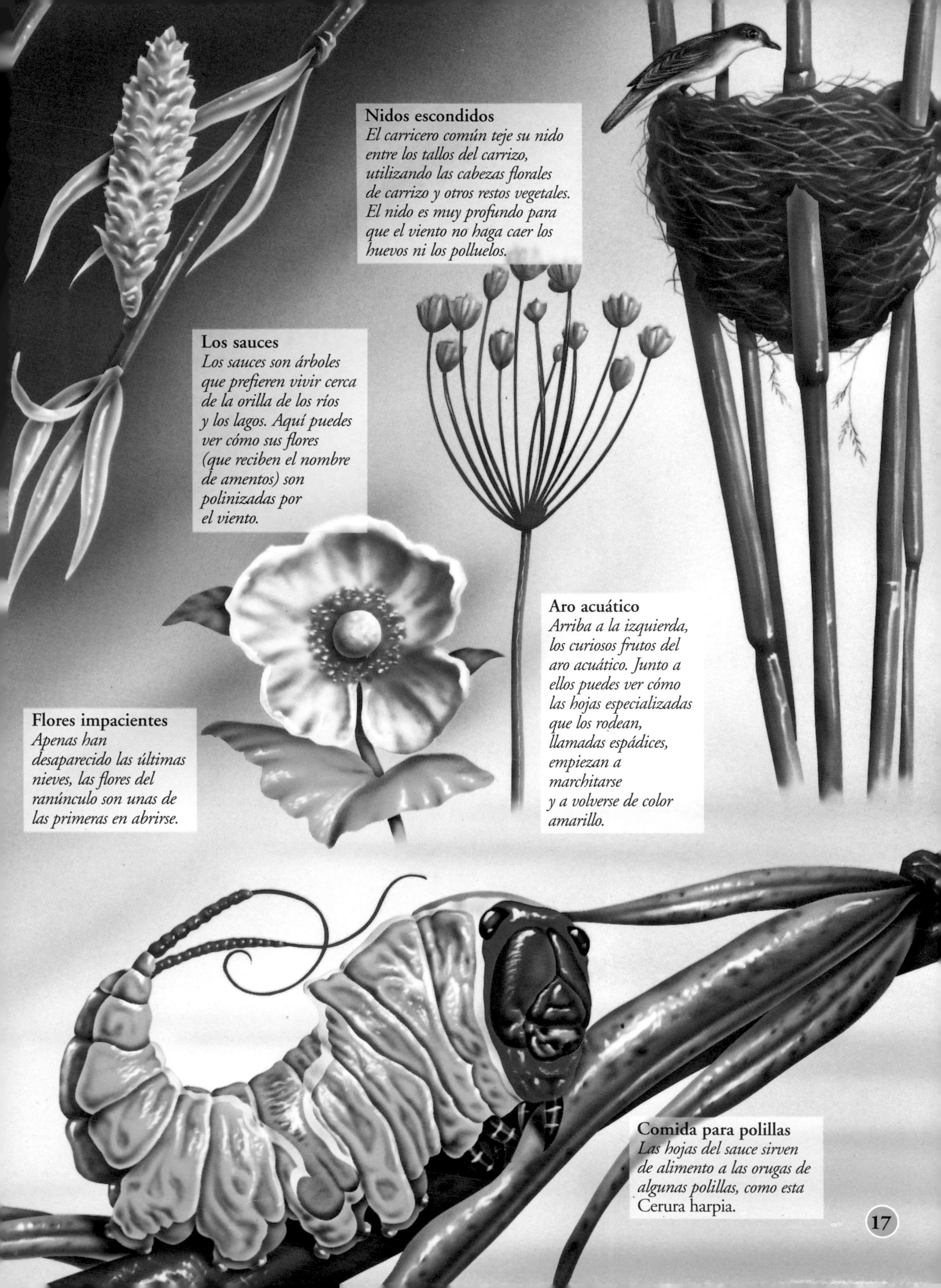

Nidos escondidos
El carricero común teje su nido entre los tallos del carrizo, utilizando las cabezas florales de carrizo y otros restos vegetales. El nido es muy profundo para que el viento no haga caer los huevos ni los polluelos.

Los sauces
Los sauces son árboles que prefieren vivir cerca de la orilla de los ríos y los lagos. Aquí puedes ver cómo sus flores (que reciben el nombre de amentos) son polinizadas por el viento.

Aro acuático
Arriba a la izquierda, los curiosos frutos del aro acuático. Junto a ellos puedes ver cómo las hojas especializadas que los rodean, llamadas espádices, empiezan a marchitarse y a volverse de color amarillo.

Flores impacientes
Apenas han desaparecido las últimas nieves, las flores del ranúnculo son unas de las primeras en abrirse.

Comida para polillas
Las hojas del sauce sirven de alimento a las orugas de algunas polillas, como esta Cerura harpia.

LAS LAGUNAS EN OTOÑO Y EN INVIERNO

Las plantas y los animales detectan el cambio que se acerca con la llegada del otoño. Las horas de luz se van acortando día a día, y hay un descenso gradual de la temperatura.

Durante el otoño, parece que los esfuerzos de todos los habitantes de la laguna están dirigidos a prepararse para el frío invierno que se acerca.
Las flores ya se han transformado en frutos, en cuyo interior esperan las semillas para ser dispersadas. Muchos animales devoran sin parar los frutos maduros para almacenar reservas en sus cuerpos y, sin darse cuenta, contribuyen a la dispersión de las semillas. En otros casos, las semillas de las plantas son dispersadas por los vientos otoñales, pero existen algunas especies, como la espadaña, que mantienen su fruto intacto durante todo el invierno, y no sueltan las semillas hasta la llegada de la primavera siguiente.
La llegada del invierno crea unas condiciones muy difíciles para los animales. A medida que la temperatura del agua desciende, los pequeños animales como los caracoles se mueven más lentamente y empiezan a refugiarse en las aguas más profundas. Los animales de sangre fría, como los anfibios, enfrían su cuerpo a medida que se enfría el agua que les rodea: así consiguen reducir muchísimo la energía que necesitan y pueden sobrevivir casi sin comer hasta la llegada del buen tiempo.
En invierno muchas lagunas se hielan, pero algunas plantas sumergidas consiguen seguir realizando la fotosíntesis con los rayos de luz que logran atravesar la capa de hielo.

Llega el frío (1)
El paisaje de la laguna cambia con la llegada del otoño. Los animales y las plantas preparan distintas estrategias para hacer frente al frío.

Hongos (2)
El otoño es una estación muy favorable para que crezcan los hongos. Pueden crecer en el suelo, entre las piedras, sobre ramas, etc. Aquí puedes ver unos hongos basidiomicetes creciendo sobre un tronco.

La anodonta y los rodeos (3)
***3a.** La anodonta es un molusco que durante el invierno detiene casi totalmente su crecimiento. Una de las cosas más sorprendentes que le suceden a la anodonta es que es elegida por los peces rodeo para poner su puesta de huevos en el interior. **3b.** La hembra del rodeo escoge una anodonta viva y, con la ayuda de un tubo especial, deposita los huevos entre las branquias del molusco. **3c.** Aquí puedes ver cómo salen las crías de los rodeos después de dos o tres semanas. El molusco también obtiene un beneficio, ya que las larvas de la anodonta salen pegadas a las branquias de los alevines y así pueden viajar lejos durante varias semanas.*

Esconderse ante el mal tiempo (4)
Cuando llega el otoño, las hojas de la pita de agua se cubren de unas costras especiales que aumentan su peso y la hacen hundirse hasta el fondo: ¡es una forma de evitar las heladas del invierno!

1
2
3c
3b
3a

LAS RIBERAS

Las orillas del río, también llamadas riberas, se van transformando a medida que el río se transforma en su camino hacia el mar.

Las riberas de los ríos son muy especiales: en primer lugar, la disponibilidad de agua permite que en las orillas crezcan árboles caducifolios -es decir, árboles que pierden sus hojas en otoño-, ¡incluso muy lejos de sus climas habituales!. En segundo lugar, la composición del suelo es diferente, ya que está formado por los materiales que ha ido depositando el río. Por último, las plantas se distribuyen en franjas según sus preferencias y las inundaciones periódicas
que sufren las riberas las obligan a unas adaptaciones muy particulares, sobre todo a aquellas plantas que viven en primera línea. En el tramo alto del río el agua discurre rápida entre las rocas, pero, a medida que la corriente se vuelve más lenta, el río amplía su lecho y las orillas se van suavizando.
Si el río es muy ancho (incluso decenas de metros), la corriente se vuelve tan lenta que muchas plantas pueden echar raíces y crecer junto a la misma orilla del agua. En este caso las plantas tienen unas raíces muy poderosas para resistir las inundaciones que se producen en la época de lluvias; después de la crecida, sobre las ramas quedan restos que señalan hasta dónde ha llegado el agua: ¡a veces el nivel del agua pueden subir varios metros de altura!
Los sauces son los árboles que se sitúan más cerca del río, ya que sus tallos flexibles les hacen muy resistentes a las crecidas de las aguas. Estos árboles son muy importantes, ya que sus raíces sujetan el suelo y ayudan a retener los materiales que arrastra la corriente.
En las orillas de los ríos viven muchos animales que abren túneles para construir sus madrigueras. Los más conocidos son el martín pescador, la rata de agua y la nutria.

Un mundo al borde del agua (1)
En los tramos medio y bajo de los ríos, las riberas u orillas contienen todo un mundo de vida animal y vegetal.

Corregüela hembra (2)
Cerca de las orillas, en aguas poco profundas, se encuentra la corregüela hembra. Si te fijas, verás que esta planta tiene unas flores diminutas (sin pétalos) que brotan en la base de las hojas, junto al tallo.

El tritón crestado (3)
Pasa gran parte de su vida en las orillas de lagunas o pantanos, pero bajo el agua se convierte en un buen nadador impulsándose con movimientos de la cola parecidos a los de los peces. Tiene un gran apetito y devora a un gran número de pequeños animales como crustáceos, gusanos, insectos... ¡e incluso a otros tritones!

El temible ditisco (4)
El ditisco es un cazador rapidísimo que puede bucear a una velocidad de hasta 50 centímetros por segundo. Avanza impulsado por sus patas posteriores, que se mueven como si fueran remos. ***4a.*** *El ditisco ataca prácticamente a todos los animales que encuentra, ya que no duda en atacar animales más grandes (¡incluso ranas!).* ***4b.*** *Los adultos ponen los huevos en unas ranuras en el tallo de plantas acuáticas. Las larvas que salen de los huevos también son unas cazadoras temibles, que están provistas de unas poderosas mandíbulas.*

El cangrejo de río (5)
Aquí puedes ver el aspecto del cangrejo de río. Aunque no caza peces, a veces se come los peces que encuentra enfermos o muertos, pero que aún no han empezado a descomponerse.

2
1
4a
3
4b

LAS PRESAS DE LOS CASTORES

Hay pocos animales que sean capaces de cambiar tanto su entorno como los castores.

Los castores viven en lagos poco profundos, arroyos y ríos de aguas lentas y tranquilas. Para sobrevivir necesitan ambientes que no se sequen totalmente en verano y en los que el agua no se hiele hasta el fondo en invierno.
Son unos ingenieros y arquitectos increíbles, capaces de transformar el paisaje construyendo enormes y complicadas presas que pueden superar los 2 metros de altura y los 100 metros de longitud.
Estas presas sirven a los castores para mantener un nivel de agua suficiente que impida que los depredadores puedan entrar en sus madrigueras. Por eso, con regularidad el castor extrae el lodo del fondo para evitar que disminuya la profundidad del agua al irse acumulando sedimentos.
Los castores son además leñadores infatigables. Cada colonia de castores necesita anualmente unos 200 o 300 árboles de 3 a 30 centímetros de diámetro. Para derribar árboles pequeños sólo necesita unos diez o quince minutos, ¡pero a veces derriba árboles de más de 1 metro de diámetro!
A pesar de todo, las presas de los castores tienen un efecto beneficioso sobre su entorno, ya que evitan la erosión del suelo provocada por las lluvias. Además las presas impiden en verano la desecación total de los arroyos, lo que favorece a otros animales como los alces, los ciervos, los anfibios, las aves acuáticas, etc.
Lógicamente, los castores son vegetarianos: comen hierbas, raíces, rizomas de nenúfares, juncos, ramas de sauces, álamos, etc.

Transformando el río (1)
Los castores construyen verdaderas obras de ingeniería, con las que logran cambiar el paisaje. Sin embargo, su efecto sobre el entorno es beneficioso.

Las libélulas: grandes cazadoras (2)
Las libélulas son unas poderosas voladoras, que vuelan sobre la superficie del agua en busca de presas, a las que descubren gracias a sus enormes ojos. ***2a.*** *Los adultos sólo viven un mes, así que concentran gran parte de sus esfuerzos en reproducirse. Durante la fecundación la libélula macho sujeta a la hembra.* ***2b.*** *La larva que sale del huevo deberá cambiar de piel entre 8 y 15 veces antes de convertirse en adulto.* ***2c.*** *Cuando llega el verano, la ninfa trepa hasta una rama y de su cuerpo surge el insecto adulto; durante unos momentos se queda sobre la planta, hasta que su nuevo cuerpo se endurece, y entonces abre las alas y empieza a volar.*

Infatigables (3)
Los castores están llevando continuamente ramas hacia la presa, para reparar inmediatamente cualquier pequeña fuga de agua que descubren.

1
2a
2b
2c

EL NACIMIENTO DEL RÍO

El río nace en el tramo más alto, donde las aguas de lluvia o de manantial forman un canal cada vez más definido. En esta zona el arroyo es estrecho y poco profundo, pero en cambio es muy ruidoso cuando en agua se abre paso entre las rocas...

El agua de los ríos proviene de las lluvias, de las filtraciones y de la fundición de las nieves y los glaciares.
El río va cambiando constantemente a lo largo de su recorrido. Cuando nace, empieza su viaje formando un arroyo de montaña de aguas rápidas y burbujeantes, pero al llegar al mar se ha convertido en un río ancho de aguas lentas y tranquilas.
También cambian las orillas del río a lo largo del viaje, y sus pobladores (plantas y animales) son diferentes en cada tramo; por ejemplo, los cañaverales sólo pueden crecer en zonas de aguas lentas.'
En el tramo alto del río, las rocas semisumergidas están cubiertas por musgo tanto por encima como por debajo, pero la rápida corriente prácticamente impide que crezcan otras plantas.
La plantas no pueden crecer en el fondo y sólo se pueden encontrar algunas, como ranúnculos flotantes, que doblan su tallo flexible cediendo a la fuerza de la corriente mientras se mantienen bien anclados en el fondo.
La corriente es tan rápida que sólo algunos insectos adultos y larvas consiguen agarrarse a loa *cantos* cubiertos de moho. Sin embargo, cada cierta distancia suele haber algunos pozos más profundos en los que viven las truchas, que son capaces de nadar contra la fuerte corriente.

Nacer saltando (1)
Cuando nace, el río se despeña montaña abajo, haciendo que los animales y las plantas tengan que luchar contra la fuerza de la corriente.

Líquenes muy abundantes (2)
Las sombras húmedas de las orillas son el lugar ideal para que vivan muchas especies diferentes de líquenes

Danza de apareamientos (3)
Las efímeras viven muy pocos días como adultos, así que pasan la mayor parte de ese tiempo volando para aparearse y poner huevos en el agua. Si alguna vez puedes contemplar alguna de ellas no las confundirás con mosquitos, ya que cada una tiene tres largas colas.

Los helechos(4)
La forma de los helechos es muy especial, y son muy abundantes a lo largo de las orillas, en las zonas húmedas y a la sombra. Los helechos se reproducen mediante esporas que se almacenan en los esporangios, distribuidos en la cara inferior de las hojas.

Resistir la corriente (5)
Algunas plantas, como este musgo de las fuentes, son capaces de resistir la fuerza de la corriente agarrándose en un tronco caído dentro del agua o a alguna roca del torrente.

El mirlo acuático (6)
El mirlo acuático prefiere vivir en las orillas de las aguas rápidas de los torrentes de las montañas. Se zambulle para buscar alimento, especialmente pequeños crustáceos,pececillos, insectos, etc.
Sus baños sólo duran de cinco a ocho segundos, pero piensa que se zabulle ¡más de mil veces cada día!

Cubierta de musgo (7)
En muchos troncos y rocas del tramo alto del río sólo crece musgo.

2
4
1
3
5
6

LOS TRAMOS MEDIO Y BAJO

A medida que avanza en su camino hacia el mar, el río se va ensanchando y la corriente es más lenta.

Al disminuir la velocidad del agua, en las orillas se forman bancos de *grava* en los que pueden crecer plantas como el ranúnculo. En el tramo medio las condiciones pueden ser muy favorables para las plantas, tanto en las orillas como en el agua. Por ejemplo, las algas verdes filamentosas forman masas al borde del agua y, si la corriente es demasiado fuerte, se agrupan entre las rocas y las ramas formando matas. Entre estas algas se esconden muchas larvas de insectos.

Durante el curso inferior, el río recibe el agua de muchos *afluentes,* que a veces son tan grandes como el propio río. Este tramo bajo del río recuerda bastante a la charca, porque la corriente es muy lenta: por este motivo aquí encontramos muchos vegetales y animales que también viven en las charcas y las lagunas. En las tranquilas orillas se acumula el fango, y en algunas zonas crecen las cañas, los juncos y los carrizos. Todos ellos tienen unas raíces poderosas con las que se sujetan fuertemente al fondo, y que les permiten incluso resistir las violentas crecidas del agua tras las lluvias.

Al llegar aquí el río transporta muchas partículas en suspensión y sedimentos, que dificultan la entrada de la luz bajo el agua, así que no pueden vivir las algas. Pero en las zonas en que la corriente es más lenta vive un plancton formado por algas microscópicas que tiñen el agua de color verde oscuro.

Las piedras y las ramas muertas que hay en el agua y reciben la luz del sol están recubiertas por una capa gelatinosa. Esta capa está formada por algas microscópicas, las diatomeas, que proliferan por millares.

Escoger un lugar para los huevos

Los insectos pueden seleccionar los mejores lugares para depositar sus huevos:

***A.** Dentro y fuera del agua.*

***B.** Sobre la superficie del agua. Los huevos están dentro de este capullo sedoso, y reciben el aire a través de un tubo llamado "mástil" (puesta del escarabajo mayate).*

***C.** Fuera del agua: sobre los tallos y hojas de plantas acuáticas y piedras (puesta de un sialis).*

***D.** Dentro del agua: en plantas y piedras sumergidas, en el fondo, etc. (huevos de escorpión acuático).*

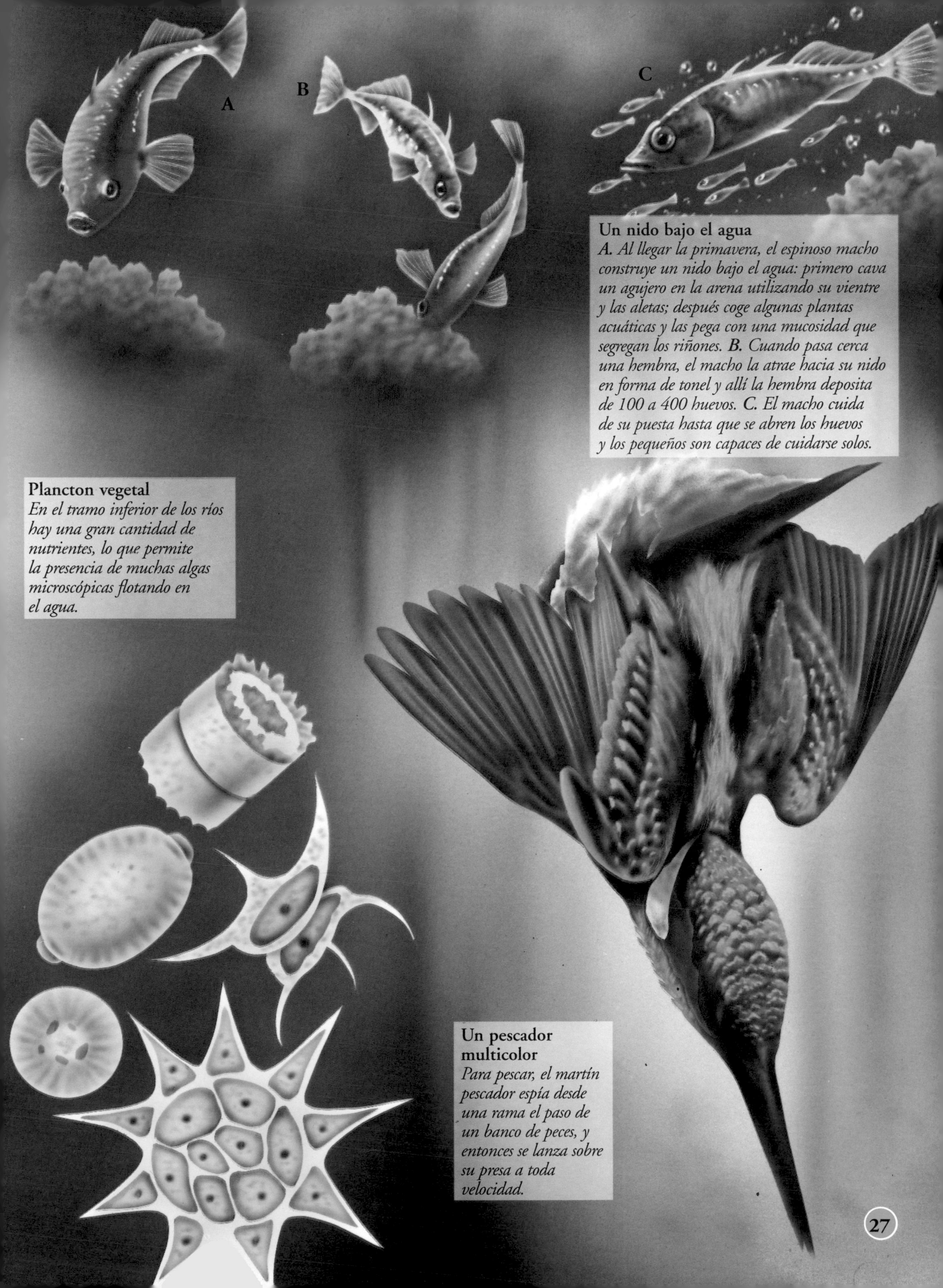

Un nido bajo el agua
A. Al llegar la primavera, el espinoso macho construye un nido bajo el agua: primero cava un agujero en la arena utilizando su vientre y las aletas; después coge algunas plantas acuáticas y las pega con una mucosidad que segregan los riñones. B. Cuando pasa cerca una hembra, el macho la atrae hacia su nido en forma de tonel y allí la hembra deposita de 100 a 400 huevos. C. El macho cuida de su puesta hasta que se abren los huevos y los pequeños son capaces de cuidarse solos.

Plancton vegetal
En el tramo inferior de los ríos hay una gran cantidad de nutrientes, lo que permite la presencia de muchas algas microscópicas flotando en el agua.

Un pescador multicolor
Para pescar, el martín pescador espía desde una rama el paso de un banco de peces, y entonces se lanza sobre su presa a toda velocidad.

LAS ZONAS PANTANOSAS

Las zonas pantanosas son unos lugares en los que el agua y la tierra prácticamente se confunden. Pueden recibir muchos nombres diferentes: marismas, ciénagas o pantanos.

Cada una tiene sus propias características: algunas tienen el aspecto de lagos, mientras que otras están casi totalmente cubiertas de cañaverales y parecen "praderas", aunque se mantienen llenas de agua durante la mayor parte del año.

Las zonas pantanosas pueden ser de agua dulce o de agua salada. Las de agua salada se encuentran en las regiones costeras, cerca del estuario y la **desembocadura** de un río, ya que el agua salada que tienen proviene del mar En cambio, las de agua dulce se encuentran con frecuencia cerca de lagos o lagunas, o también en zonas en las que grandes ríos se desbordan inundando los márgenes cada año. Normalmente estas zonas pantanosas están a ambos lados de un río ancho y poco profundo.

Las zonas pantanosas pueden sufrir cambios en el nivel del agua según las estaciones, pero las plantas y los animales han sabido adaptarse perfectamente.

En los pantanos, las abundantes hierbas, cañas y juncos proporcionan muchos refugios a un gran número de animales, especialmente aves, pero también caimanes, serpientes, etc.

Aguas estancadas (1)
En los pantanos el agua parece haber olvidado la dirección que debe s eguir y se mantiene mansa y quieta.

Cazar en agua y en tierra (2)
A la culebra de collar le gusta vivir en las zonas húmedas, como las orillas de los pantanos, lagunas y ríos. Allí es una temible cazadora capaz de capturar a sus presas tanto en el agua como sobre tierra firme. Su dieta favorita la forman ranas, sapos, renacuajos, pececillos, pajarillos, etc.

Caminar sobre el agua (3)
Algunas aves, como esta jacana, tienen unos dedos muy largos que les permiten caminar sobre las plantas flotantes sin hundirse.

La vida del mosquito (4)
***4a.** La vida de los mosquitos empieza en el agua. Los adultos ponen sus huevos, en forma de pequeñas balsas, en la superficie de las aguas tranquilas. **4b.** Cuando salen del huevo, las larvas flotan en el agua, colgando con la cabeza hacia abajo. Durante tres semanas se alimentan filtrando las partículas alimenticias del agua. **4c.** Después se transforman en pupas, que también se mantienen cerca de la superficie para seguir respirando. **4d.** Cuando llega el momento, se abre la pupa y de su interior sale un adulto, que empieza a volar en cuanto despliega totalmente las alas.*

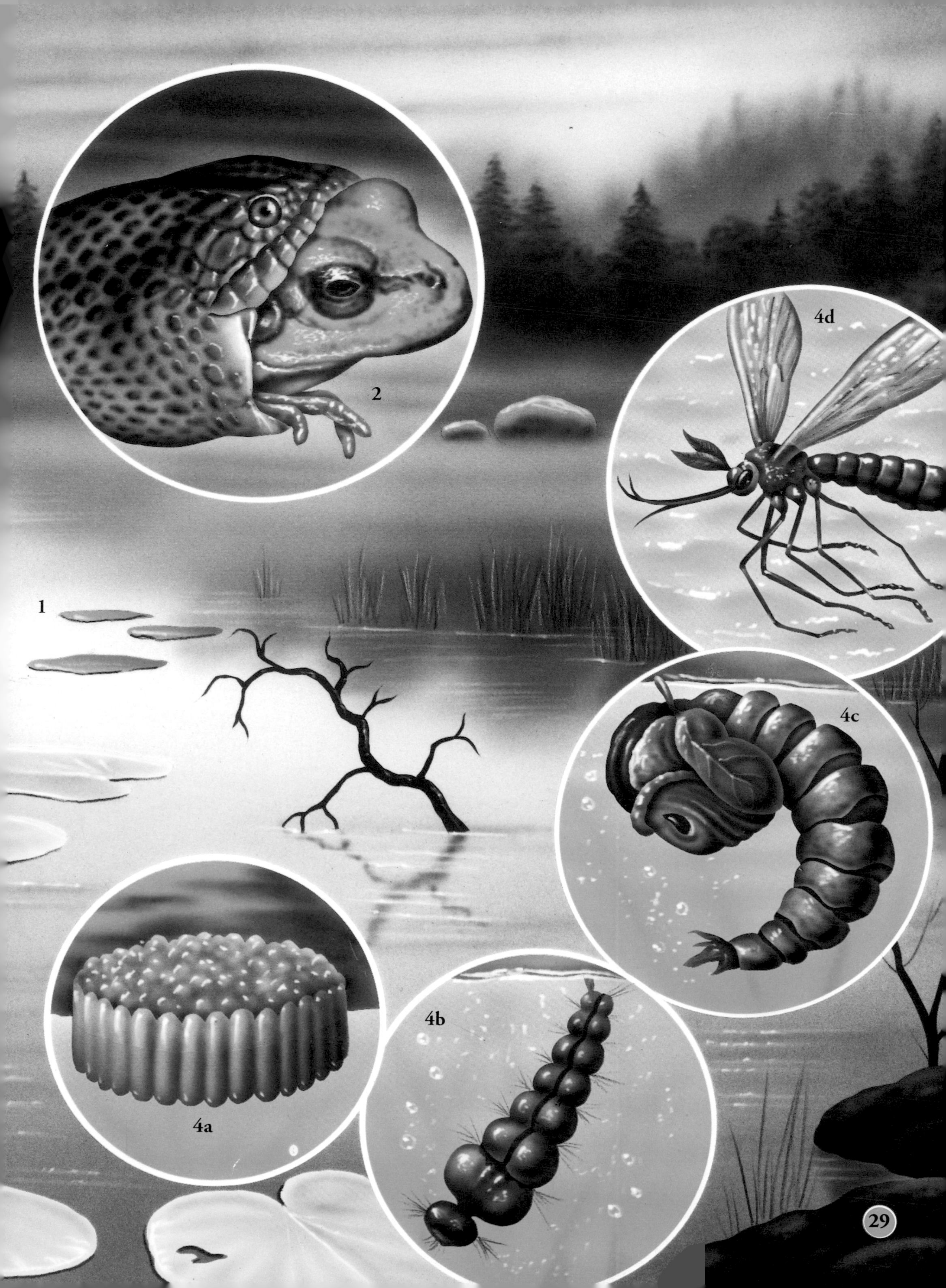
2
4d
1
4c
4a
4b

ESTUARIOS Y DELTAS

El estuario es la parte más baja del río. Esta zona está tan cerca del mar que se nota mucho el efecto de la subida y la bajada de la marea, y se produce una importante mezcla de agua dulce y salada.

Cuando el río desemboca en el mar forma un estuario. Al llegar al mar, las dos riberas del río se van separando hasta que se confunden con la orilla del mar.
Esta zona está muy afectada por las mareas: al subir la marea el agua salada entra en el río y los animales y las plantas notan su influencia. En cambio, cuando baja la marea pueden quedar al descubierto zonas de fango en las que vive un gran número de algas verdes y viscosas; entonces también se pueden ver grandes extensiones de marismas llenas de acelgas silvestres y salpicadas de pozos salados.
A medida que el río se acerca al mar la corriente prácticamente se detiene, así que las partículas que transportaba el agua se depositan en el fondo; además las olas y las mareas enturbian mucho el agua: por estos motivos en el fondo de los estuarios sólo sobreviven unas pocas plantas sumergidas, ya que no consiguen toda la luz que necesitan.
La acumulación en el fondo de los sedimentos arrastrados por el río o por el mar puede originar unos ambientes muy especiales, como las lagunas costeras y los *deltas*. En los deltas la tierra arrastrada por el río va ganando poco a poco terreno al mar, y son lugares que destacan especialmente por el espectacular número de aves que los escogen para vivir allí. Por otra parte, muy pocas especies de plantas y animales han logrado adaptarse a los cambios de concentración de sales que tienen lugar en las desembocaduras, así que las que lo han conseguido ¡prácticamente no tienen competencia!

Entre el río y el mar (1)
En las marismas se producen cambios muy rápidos de salinidad en el agua dos veces al día, coincidiendo con la entrada y la salida del agua debido a las mareas alta y baja. ¡Muy pocos seres vivos pueden resistir estas condiciones!

Las salicornias (2)
Las salicornias tienen unas hojas carnosas en las que almacenan agua y que son comestibles. Están muy bien adaptadas para vivir en marismas y estuarios.

Acechando a sus presas (3)
El pez aguja o agujón suele acechar a sus presas escondido en posición vertical entre la vegetación subacuática. Normalmente se alimenta de crustáceos planctónicos y de larvas de peces que viven en las aguas salobres de la desembocadura de ríos y en lagunas, aunque también vive en el mar hasta unos 15 metros de profundidad.

Pulgas de agua (4)
Las condiciones creadas en los estuarios y los deltas favorecen la presencia de muchos pequeños animales, como las pulgas de agua, que sirven de alimento a otros depredadores más grandes.

Peces "a toda prueba" (5)
Algunos peces, como esta platija (pez plano) y el pez aguja, han sabido adaptarse y son capaces de resistir los constantes cambios de salinidad que se producen en los estuarios.

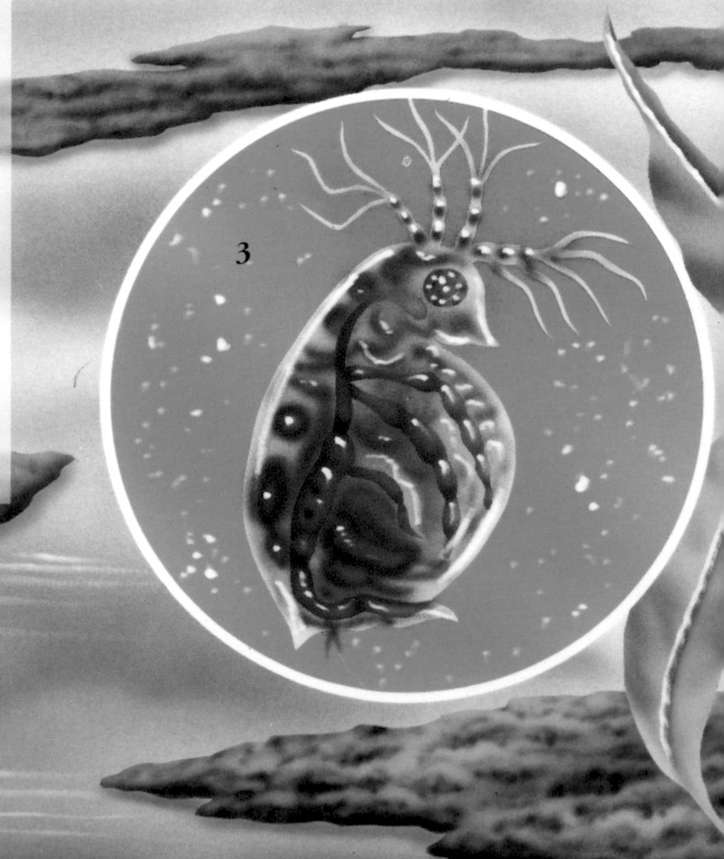

2
1
4
5

GLOSARIO

Afluente. Río que desemboca en otro río, aumentando entonces el caudal de agua que éste transporta.

Cantos. Los cantos rodados son piedras redondeadas a fuerza de rodar empujadas por las aguas del río.

Cauce. Es el lugar por donde corren las aguas del río.

Delta. Enorme acumulación de sedimentos con forma de isla triangular que se forma en la desembocadura de ciertos ríos.

Descomposición. Putrefacción, es decir, separarse las diferentes partes de materia orgánica de los restos de una planta o de un cadáver animal.

Desembocadura. Lugar en el que el río llega al mar (o a otro río).

Erosión. Destrucción y modelado del relieve provocados por el viento, el hielo, las aguas marinas, etc.

Estomas. Aberturas microscópicas de la epidermis de los vegetales, que sirven para que la planta realice sus funciones de respiración.

Estuario. Parte de un rio próxima a su salida al mar, y hasta donde llegan las mareas.

Fotosíntesis. Proceso en el que las plantas verdes sintetizan materia orgánica utilizando la luz como fuente de energía.

Grava. Piedras machacadas, de pequeño tamaño, que se encuentran en el lecho del río.

Lodoso. Que contiene lodo, es decir, barro.

Puesta. Conjunto de huevos que deposita la hembra durante la etapa reproductora.

Rizomas. Tallos horizontales y subterráneos de la planta en los que por un lado salen ramas aéreas verticales y por el otro, raíces.

Sedimento. Materia que, habiendo estado suspendida en un líquido, se posa en el fondo.

ÍNDICE

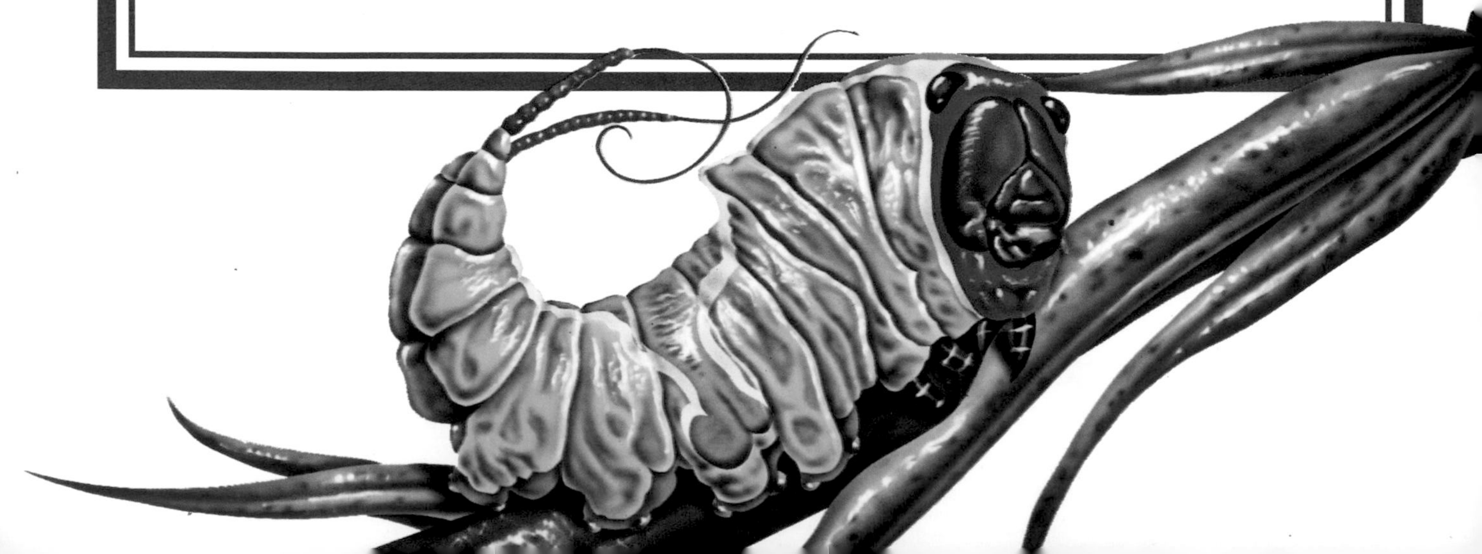